Vorwort

Glück haben, glücklich sein – die Sehnsucht nach der Anwesenheit von Glück in unserem Leben spielt eine große Rolle für uns. Dabei jagen wir oft den großen Sensationen nach – dem perfekten Job, der großen Reise, dem Traumhaus – und vergessen dabei, dass Glück längst nicht immer als überwältigendes Ereignis eintritt. Vielmehr verbirgt sich Glück sehr oft in den einfachen Dingen, die direkt vor uns liegen. Wir müssen sie nur erkennen.

Das Geheimnis des Glücks – die kleinen Dinge

Anstatt auf das vermeintlich perfekte Leben zu warten, macht es mehr Sinn, die Welt um uns herum mit neugierigen, achtsamen Augen zu betrachten. Denn das Geheimnis des Glücks liegt weniger darin, es zu suchen, als darin, es im gegenwärtigen Moment zu erkennen. Oft zeigt es sich in den kleinen, unscheinbaren Momenten, die unser Herz erwärmen: im Lächeln eines Fremden, im Duft von frischem Brot, im Gefühl der Sonne auf unserer Haut, in den prächtigen Farben eines Sonnenuntergangs. Wenn wir lernen, all diese kleinen Wunder, die uns täglich umgeben, bewusst wahrzunehmen und wertzuschätzen, wird das Leben auf magische Weise reicher und erfüllender.

Der Schlüssel zum Glück steckt von innen

Natürlich gibt es Tage, an denen es schwierig ist, das Schöne zu sehen, doch gerade dann lohnt es sich, den eigenen Fokus bewusst zu verschieben – vom Fehlenden zum Vorhandenen. Was ist gut in meinem Leben, was macht mir Freude, wofür bin ich dankbar? Für das Lachen mit meinen Freund:innen, für meine schöne Wohnung, das Vogelstimmenkonzert an einem Frühlingsmorgen, den leisen Fall der Schneeflocken an einem Wintertag? Wenn wir uns bewusst auf die kleinen Freuden unseres eigenen Alltags konzentrieren, kitzeln wir damit auch das Glück heraus und machen es zu einem ständigen Begleiter.

Glück ist etwas Wunderbares

Manchmal fällt uns das Glück förmlich vor die Füße, aber viel öfter entfaltet es sich erst zur Blüte, wenn wir es selbst in die Hand nehmen. Das Wunderbare an Glück ist, dass wir es lernen können, glücklich zu sein. Glück ist kein Ziel, sondern eine Reise. Und wenn wir diese Reise mit einem offenen Herzen und einer positiven Einstellung angehen, werden wir merken, dass das Glück längst schon da ist: Mitten in unserem Leben leuchten die kleinen Glücksgeschenke, die jeder Tag für uns bereithält.

Mal dich glücklich

Dieses Buch bietet dir viele kleine Glücksgeschenke:

Beim Ausmalen kannst du entspannen, den Alltag loslassen und deinen Flow finden. Die Farben und Muster regen deine Kreativität an und du kannst etwas Schönes erschaffen. Auf den nächsten Seiten findest du eine kleine Einführung in die Welt der Farben.

Neben den Ausmalmotiven wirst du auf den gegenübergestellten Seiten von ausgewählten Sprüchen und Gedichten über das Glück, Affirmationen und Achtsamkeitsübungen begleitet.

Affirmationen sind positive Aussagen, die du bewusst wiederholst, um dein Denken und Verhalten zu beeinflussen. Sie helfen dir, negative Gedankenmuster zu durchbrechen, deinen Fokus auf das Positive zu lenken und mehr Selbstvertrauen und Freude zu entwickeln.

Achtsamkeitsübungen helfen dir dabei, den gegenwärtigen Moment bewusst und ohne Ablenkung wahrzunehmen. Sie fördern Gelassenheit, verbessern den Umgang mit Stress und stärken das allgemeine Wohlbefinden.

Lass deine Gedanken beim Ausmalen schweifen und finde dein Stück vom Glück!

Die Magie der Farben

Farben sprechen unsere Gefühle an – und das kann je nach Stimmung ganz unterschiedlich sein. Beim Ausmalen hast du die Freiheit, genau die Farben zu wählen, die sich für dich gerade richtig anfühlen.

Manchmal fühlst du dich vielleicht energiegeladen und fröhlich, dann greifst du instinktiv zu warmen Farben wie Rot, Orange oder Gelb. Diese Farben strahlen Wärme und Lebendigkeit aus, sie erinnern an Sonnenuntergänge oder einen gemütlichen Kaminabend.

An anderen Tagen hast du das Bedürfnis nach Ruhe und Gelassenheit. Dann sind kühle Farben wie Blau, Türkis oder ein sanftes Violett die richtige Wahl. Diese Farben wirken beruhigend und helfen uns, den Kopf freizubekommen, wie ein Spaziergang am Meer.

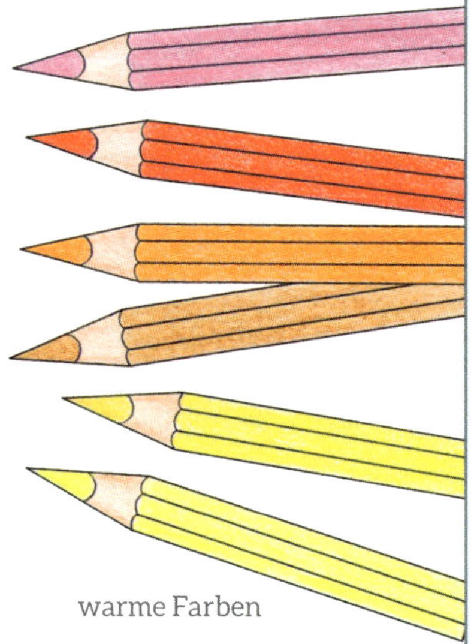

warme Farben

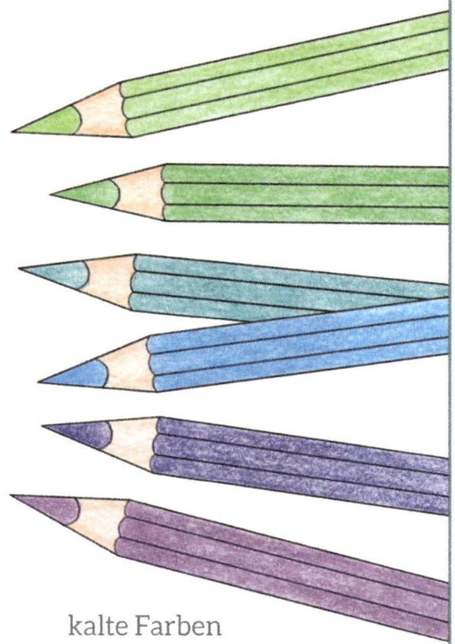

kalte Farben

Male die Elemente unten in verschiedenen Farben aus. Welche Farben wirken auf dich warm und lebendig? Und welche fühlen sich kühl an und treten eher in den Hintergrund?

Farben kombinieren

In Kombination entfaltet Farben oft eine neue Wirkung. Zum Beispiel leuchtet ein sattes Gelb viel intensiver, wenn es von einem tiefen Blau umgeben ist, während ein sanftes Rosa neben hellem Grau beruhigend und zart erscheint. Farbkombinationen können Harmonie oder Spannung erzeugen, je nachdem, welche Töne du miteinander mischst.

Kombinierst du Farbtöne aus der gleichen Farbfamilie, wie zum Beispiel verschiedene Blautöne, entsteht ein harmonisches und beruhigendes Bild.

Setzt du kontrastreiche Farben nebeneinander, können sie entweder miteinander konkurrieren oder sich perfekt ergänzen.

Dabei kannst du auch wunderbar damit spielen, wie viel Raum die Farbe in deinem Bild einnimmt, ob du sie zart oder kräftig aufträgst, oder ob du nur kleine Akzente setzt.

Teste auf der gegenüberliegenden Seite verschiedene Farbkombinationen.

Mood Tracker

Mit einem Mood Tracker kannst du deine Stimmung über einen längeren Zeitraum festhalten und sichtbar machen.

Male jeden Tag ein Feld in der Farbe aus, die deine aktuelle Stimmung widerspiegelt. Du entscheidest, welche Töne zu deinen Gefühlen passen: Vielleicht ein sanftes Grün für ausgeglichene Tage, ein leuchtendes Orange für überglückliche Momente oder ein tiefes Blau, wenn du dich erschöpft fühlst. Definiere die Farben mithilfe der ersten Tabelle unten.

Die Beispiele passen nicht zu dir, oder du möchtest den Mood Tracker anders nutzen? Kein Problem! In der zweiten, leeren Tabelle kannst du ein ganz eigenes Thema festlegen, wie zum Beispiel dein tägliches Energielevel, den Grad an Entspannung oder Stress, deine Kreativität oder deine Motivation.

Du kannst auch völlig frei ohne Tabelle loslegen und jeden Tag einfach die Farbe wählen, die sich für dich heute genau richtig anfühlt.

Glückstracker

überglücklich	
fröhlich	
ausgeglichen	
erschöpft	
unglücklich	

Mut steht am Anfang des Handelns, Glück am Ende.

Demokrit

Alles,
was ich brauche,
trage ich
bereits in mir.

Nimm
das
Glück
in
deine Hand

Wie sieht das Glück aus?

Die Schönheit der Welt um uns herum kann uns tiefe Freude schenken. Ein beeindruckender Sonnenuntergang oder eine liebevoll eingerichtete Ecke zuhause kann uns inspirieren und glücklich machen.

Welcher Anblick macht dich glücklich?

Wie glücklich doch der kleine Stein,
der unterwegs ist, ganz allein,
der Karrieren ignoriert,
in Nöten furchtlos reagiert;
das Universum en passant
zog ihm 'nen braunen Mantel an.
Frei wie die Sonn, für sich allein
kann leuchten er, oder zu zwein.
Hält sich an obersten Entscheid
in ungezwungner Einfachheit.

Emily Dickinson

Ich beginne
meinen Tag mit
positiven Gedanken und
guten Absichten.

VIEL
GLÜCK!

Voller Dankbarkeit

Nimm dir jeden Tag ein paar Minuten, um über drei Dinge nachzudenken, für die du dankbar bist. Das kann alles sein – von einer Tasse Kaffee am Morgen bis hin zu einem schönen Gespräch. Schreibe sie auf oder sprich sie laut aus.

LOVE

Heiterkeit und Frohsinn
sind die Sonne,
unter der alles gedeiht.

Jean Paul

Mit
Sonne
im
Herzen
ist das Wetter egal.

Willst du glücklich sein im Leben,
Trage bei zu and‘rer Glück;
Denn die Freude, die wir geben,
Kehrt ins eig‘ne Herz zurück.

Marie Calm

Wie riecht das Glück?

Düfte haben eine starke Verbindung zu unseren Gefühlen. Der Geruch von frisch gebackenem Brot, blühenden Blumen oder einer Tasse Kaffee am Morgen kann sofort Freude und Geborgenheit auslösen. Düfte wecken oft Erinnerungen und bringen uns in den Moment zurück.

Welche Gerüche machen dich glücklich?

jetzt
ist die
beste Zeit

Glück entsteht oft durch Aufmerksamkeit in kleinen Dingen.

Wilhelm Busch

Ich schätze den
Augenblick und
genieße die Schönheit
des Lebens.

Morgenritual

Beginne deinen Tag, indem du dir fünf Minuten Zeit nimmst, bevor du in den Alltag startest. Setze dich still hin, konzentriere dich auf deine Atmung und sage dir eine positive Affirmation, wie „Heute wähle ich Freude".

Glück kommt wie Licht, wie Sonnenstrahlen,
Wie Windeswehn, wie Wolkenflug:
Hier einmal, dort zu hundertmalen
Und nie im Leben noch genug.

Wer kann es haschen, wer kann es finden?
Und wer bewahrt es, wenn er's hat? –
Es schwebt ein Atem in den Winden,
Und schwimmt im Strom ein grünes Blatt.

Feodor von Wehl

Fast überall wo es Glück gibt, gibt es Freude am Unsinn.

Friedrich Nietzsche

Wie fühlt sich Glück an?

Berührungen schaffen Nähe und Geborgenheit. Die warme Umarmung eines geliebten Menschen, das Streicheln von weichem Stoff oder das Barfußlaufen im Gras – all das kann uns mit einem Gefühl von Ruhe und Glück erfüllen.

Welche Berührungen machen dich glücklich?

Glück ist das einzige, was wir anderen geben können, ohne es selbst zu besitzen.

Carmen Sylva

Good Luck!

Mein Leben
erfüllt mich mit
Freude und ich
bin zufrieden.

Der höchste Genuss besteht
in der Zufriedenheit
mit sich selbst.

Jean-Jacques Rousseau

Her
MIT DEM
Schönen
Leben.

Was bringt mir Freude?

Denke darüber nach, was dich glücklich macht. Das können Hobbys, Orte, Menschen oder bestimmte Aktivitäten sein. Überlege, wie du mehr davon in deinen Alltag einbauen kannst.

Das
Leben
ist
SCHÖN

Dir auf der Schulter
Flattert ein Schmetterling,
Ein Frühlingslüftchen trug ihn her
Aus einem dunkeln Wald.

Das ist der Falter Glück,
Der flog zu dir,
Weil du aus Licht,
Und Glück und Licht Geschwister sind.

Georg Heym

Ich bin stark,
unabhängig und
kann jedes Ziel erreichen,
das ich mir setze.

Alles beginnt mit einem Traum

Viele Menschen versäumen
das kleine Glück,
während sie auf das grosse
vergebens warten.

Pearl S. Buck

Wie schmeckt das Glück?

Ein Lieblingsessen oder ein besonderer Geschmack kann pures Glück sein. Ob der erste Bissen von Omas Kuchen, eine saftige Orange oder der Geschmack von frischer Minze – unsere Geschmacksknospen verbinden Genuss mit Wohlbefinden und Zufriedenheit.

Welcher Geschmack macht dich glücklich?

Glücklich ist nicht,
wer andern so vorkommt,
sondern wer sich
selbst dafür hält.

Seneca

LäUFT
BEI
MIR

Mein Körper
ist voller Energie,
und ich fühle
mich rundum wohl.

So muss man leben!
Die kleinen Freuden aufpicken,
bis das große Glück kommt.
Und wenn es nicht kommt,
dann hat man wenigstens
die „kleinen Glücke“ gehabt.

Theodor Fontane

Wie klingt das Glück?

Klänge haben die Kraft, unsere Stimmung sofort zu verändern. Vogelgezwitscher am Morgen, das sanfte Rauschen des Meeres oder ein Lieblingslied können uns tief entspannen und Freude schenken.

Welche Klänge und Geräusche machen dich glücklich?

Heute ist der
perfekte Tag,
um kreativ und
produktiv zu sein.

Neuer Tag, neues Glück

Das Glück erkennt man
nicht mit dem Kopf,
sondern mit dem Herzen.

Aus Norwegen

Zeit in der Natur

Gehe regelmäßig nach draußen. Frische Luft, das Zwitschern der Vögel, das Rauschen der Bäume oder das sanfte Plätschern eines Baches haben eine beruhigende Wirkung. Selbst kurze Momente im Grünen können helfen, den Kopf frei zu bekommen und neue Energie zu tanken.

DREAM
BIG!

Das Glück ist das einzige,
das sich verdoppelt,
wenn man es teilt.

Albert Schweitzer

Impressum

Illustrationen: Mila Dierksen (Cover, S. 3, 5-8, 11-15, 17, 19, 23, 26/27, 29, 32/33, 35, 40/41, 43, 44/45, 47, 51, 53, 63, 65, 69, 73, 74/75, 79), Kirsten Albers (S. 9/10, 31, 48/49, 55, 60/61), Helga Altmayer (S. 21, 25, 37, 39, 56/57, 59, 67, 70/71)
Produktmanagement, Recherche und Lektorat: Seline Gwinn
Vorwort: Betz Lektorat + Redaktion, Tübingen (S. 5/6)
Zusätzliche Illustrationen: freepik.com
Coverlayout: Eva Hook
Herstellung: Jessica Siebert
Satz: tebitron gmbh, Gerlingen
Druck und Bindung: DZS Grafik, Slowenien

1. Auflage 2025

ISBN: 978-3-7358-8178-6 • Best.-Nr. 28178

MIX
Papier | Fördert gute Waldnutzung
FSC® C106600
www.fsc.org

Penguin Random House
Verlagsgruppe
FSC® N001967